戸塚刺しゅう図案集

めぐる季節に思いをよせて

[2006年〜2015年 戸塚刺しゅうカレンダー図案 総集]

戸塚刺しゅうは、フランス刺しゅうのテクニックと長い歴史と文化に育まれた欧風刺繍の基本を踏まえ、日本人に刺しやすく工夫された繊細で美しい表現です。

「戸塚刺しゅうカレンダー」は、戸塚刺しゅうらしさを大切にしながら、ご覧いただいた方々が幸せに一年間を過ごせるように毎年発刊させていただいております。
各年テーマを変え、ひと針ひと針に込めた想いが四季を通じて皆さまにお届けできることを願い、創作して参りました。

四季の移ろいを心豊かに楽しんでいただきたい、またご覧いただく中で、心の安らぎや優しい気持ちを大切に日々を過ごしていただきたい、そのような想いが込められております。
また、ステッチ、配色、図案と色々な面でご参考にしていただけるのではないでしょうか。

この度2006年〜2015年に発売致しました10年分のカレンダーを一冊の書籍にまとめ、上梓させていただく運びとなりました。
本書籍をご覧いただきまして、戸塚刺しゅうの彩り豊かな世界の魅力を感じて頂ければ幸いです。

一般社団法人戸塚刺しゅう協会
会長 戸塚貞子

2006年『バラの花額』
Totsuka Embroidery Calendar

［1月・2月］

no.1　図案32頁

［3月・4月］

no.2　図案34頁

2006年『バラの花額』
Totsuka Embroidery Calendar

[5月・6月]

no.3 図案36頁

[7月・8月]

no.4 図案38頁

2006年『バラの花額』
Totsuka Embroidery Calendar

[9月・10月]

no.5　図案40頁

[11月・12月]

no.6　図案42頁

2007年『私の好きな風景』
Totsuka Embroidery Calendar

[1月・2月]

no.7　図案44頁

[3月・4月]

no.8　図案46頁

2007年『私の好きな風景』
Totsuka Embroidery Calendar

[5月・6月]

no.9　図案48頁

[7月・8月]

no.10　図案50頁

2007年『私の好きな風景』
Totsuka Embroidery Calendar

[9月・10月]

no.11　図案52頁

[11月・12月]

no.12　図案54頁

2008年『ほんのりと夢の世界』
Totsuka Embroidery Calendar

［1月・2月］

no.13　図案56頁

［3月・4月］

no.14　図案58頁

2008年『ほんのりと夢の世界』
Totsuka Embroidery Calendar

[5月・6月]

no.15　図案60頁

[7月・8月]

no.16　図案62頁

2008年『ほんのりと夢の世界』
Totsuka Embroidery Calendar

[9月・10月]

no.17　図案64頁

[11月・12月]

no.18　図案66頁

2009年『幸せの窓辺』
Totsuka Embroidery Calendar

[1月・2月]

no.19　図案68頁

[3月・4月]

no.20　図案70頁

2009年『幸せの窓辺』
Totsuka Embroidery Calendar

[5月・6月]

no.21　図案72頁

[7月・8月]

no.22　図案74頁

2009年『幸せの窓辺』
Totsuka Embroidery Calendar

[9月・10月]

no.23　図案76頁

[11月・12月]

no.24　図案78頁

2010年『フラワーアレンジメント』
Totsuka Embroidery Calendar

［1月・2月］

no.25　図案80頁

no.26　図案82頁

［3月・4月］

2010年『フラワーアレンジメント』
Totsuka Embroidery Calendar

[5月・6月]

no.27　図案84頁

no.28　図案86頁

[7月・8月]

2010年『フラワーアレンジメント』
Totsuka Embroidery Calendar

［9月・10月］

no.29　図案88頁

no.30　図案90頁

［11月・12月］

2011年『花風景』
Totsuka Embroidery Calendar

[1月・2月]

no.31　図案92頁

no.32　図案94頁

[3月・4月]

2011年『花風景』
Totsuka Embroidery Calendar

[5月・6月]

no.33　図案96頁

no.34　図案98頁

[7月・8月]

2011年『花風景』
Totsuka Embroidery Calendar

[9月・10月]

no.35　図案100頁

no.36　図案102頁

[11月・12月]

2012年『季節の花と鳥』
Totsuka Embroidery Calendar

[1月・2月]

no.37　図案104頁

no.38　図案106頁

[3月・4月]

2012年『季節の花と鳥』
Totsuka Embroidery Calendar

［5月・6月］

no.39　図案108頁

no.40　図案110頁

［7月・8月］

2012年『季節の花と鳥』
Totsuka Embroidery Calendar

[9月・10月]

no.41　図案112頁

no.42　図案114頁

[11月・12月]

2013年『幸せを呼ぶ樹』
Totsuka Embroidery Calendar

[1月・2月]

no.43　図案116頁

[3月・4月]

no.44　図案118頁

2013年『幸せを呼ぶ樹』
Totsuka Embroidery Calendar

［5月・6月］

no.45　図案120頁

［7月・8月］

no.46　図案122頁

2013年『幸せを呼ぶ樹』
Totsuka Embroidery Calendar

[9月・10月]

no.47　図案124頁

[11月・12月]

no.48　図案126頁

2014年『薔薇の花』
Totsuka Embroidery Calendar

[1月・2月]

no.49　図案128頁

no.50　図案130頁

[3月・4月]

2014年『薔薇の花』
Totsuka Embroidery Calendar

[5月・6月]

no.51　図案132頁

no.52　図案134頁

[7月・8月]

2014年『薔薇の花』
Totsuka Embroidery Calendar

[9月・10月]

no.53　図案136頁

no.54　図案138頁

[11月・12月]

2015年『ハッピー・シーズン』
Totsuka Embroidery Calendar

[1月・2月]

no.55 図案140頁

[3月・4月]

no.56 図案142頁

2015年『ハッピー・シーズン』
Totsuka Embroidery Calendar

[5月・6月]

no.57　図案144頁

[7月・8月]

no.58　図案146頁

2015年『ハッピー・シーズン』
Totsuka Embroidery Calendar

［9月・10月］

no.59　図案148頁

［11月・12月］

no.60　図案150頁

no.1 写真2頁
Totsuka Embroidery Calendar
2006年 [1月・2月]

no.2 写真2頁
Totsuka Embroidery Calendar
2006年 [3月・4月]

no.3 写真3頁
Totsuka Embroidery Calendar
2006年 [5月・6月]

no.4 写真3頁
Totsuka Embroidery Calendar
2006年 [7月・8月]

no.5 写真4頁
Totsuka Embroidery Calendar
2006年 [9月・10月]

no.9 写真6頁
Totsuka Embroidery Calendar
2007年 [5月・6月]

48

no.10 写真6頁
Totsuka Embroidery Calendar
2007年［7月・8月］

no.11 写真7頁
Totsuka Embroidery Calendar
2007年 [9月・10月]

no.12 写真7頁
Totsuka Embroidery Calendar
2007年 [11月・12月]

55

no.13 写真8頁
Totsuka Embroidery Calendar
2008年 [1月・2月]

no.14 写真8頁
Totsuka Embroidery Calendar
2008年 [3月・4月]

no.15 写真9頁
Totsuka Embroidery Calendar
2008年 [5月・6月]

no.16 写真9頁

Totsuka Embroidery Calendar

2008年 [7月・8月]

62

no.17

Totsuka Embroidery Calendar
2008年 ［9月・10月］

no.18 写真10頁
Totsuka Embroidery Calendar
2008年［11月・12月］

no.20 写真11頁
Totsuka Embroidery Calendar
2009年[3月・4月]

印と印を
つなぐ

印と印を
つなぐ

71

no.21 写真12頁
Totsuka Embroidery Calendar
2009年 [5月・6月]

no.24 写真13頁
Totsuka Embroidery Calendar
2009年 [11月・12月]

no.25 写真14頁
Totsuka Embroidery Calendar
2010年 [1月・2月]

紙面の都合上、図案は80%に縮小しています。実物大図案にするには、この図案を125%に拡大してご使用下さい。

no.26 写真14頁
Totsuka Embroidery Calendar
2010年［3月・4月］

紙面の都合上、図案は80％に縮小しています。実物大図案にするには、この図案を125％に拡大してご使用下さい。

no.27 写真15頁
Totsuka Embroidery Calendar
2010年［5月・6月］

紙面の都合上、図案は80%に縮小しています。実物大図案にするには、この図案を125%に拡大してご使用下さい。

no.28 写真15頁
Totsuka Embroidery Calendar
2010年 [7月・8月]

紙面の都合上、図案は80％に縮小しています。実物大図案にするには、この図案を125％に拡大してご使用下さい。

no.29 写真16頁

Totsuka Embroidery Calendar
2010年 [9月・10月]

紙面の都合上、図案は80%に縮小しています。実物大図案にするには、この図案を125%に拡大してご使用下さい。

no.30 写真16頁
Totsuka Embroidery Calendar
2010年 [11月・12月]

紙面の都合上、図案は80%に縮小しています。実物大図案にするには、この図案を125%に拡大してご使用下さい。

no.31　写真17頁
Totsuka Embroidery Calendar
2011年 [1月・2月]

紙面の都合上、図案は80%に縮小しています。実物大図案にするには、この図案を125%に拡大してご使用下さい。

no.32 写真17頁

Totsuka Embroidery Calendar
2011年 [3月・4月]

紙面の都合上、図案は80%に縮小しています。実物大図案にするには、この図案を125%に拡大してご使用下さい。

no.33 写真18頁
Totsuka Embroidery Calendar
2011年［5月・6月］

紙面の都合上、図案は80％に縮小しています。実物大図案にするには、この図案を125％に拡大してご使用下さい。

no.34　写真18頁
Totsuka Embroidery Calendar
2011年［7月・8月］

紙面の都合上、図案は80％に縮小しています。実物大図案にするには、この図案を125％に拡大してご使用下さい。

no.35 写真19頁
Totsuka Embroidery Calendar
2011年 [9月・10月]

紙面の都合上、図案は80%に縮小しています。実物大図案にするには、この図案を125%に拡大してご使用下さい。

no.36 写真19頁
Totsuka Embroidery Calendar
2011年 [11月・12月]

紙面の都合上、図案は80%に縮小しています。実物大図案にするには、この図案を125%に拡大してご使用下さい。

no.37 写真20頁
Totsuka Embroidery Calendar
2012年 [1月・2月]

紙面の都合上、図案は80%に縮小しています。実物大図案にするには、この図案を125%に拡大してご使用下さい。

no.39 写真21頁

Totsuka Embroidery Calendar
2012年 [5月・6月]

紙面の都合上、図案は80％に縮小しています。実物大図案にするには、この図案を125％に拡大してご使用下さい。

no.40 写真21頁
Totsuka Embroidery Calendar
2012年[7月・8月]

紙面の都合上、図案は80%に縮小しています。実物大図案にするには、この図案を125%に拡大してご使用下さい。

no.41 写真22頁
Totsuka Embroidery Calendar
2012年 [9月・10月]

紙面の都合上、図案は80％に縮小しています。実物大図案にするには、この図案を125％に拡大してご使用下さい。

no.43   写真23頁
Totsuka Embroidery Calendar
2013年 [1月・2月]

紙面の都合上、図案は80％に縮小しています。実物大図案にするには、この図案を125％に拡大してご使用下さい。

no.44 写真23頁
Totsuka Embroidery Calendar
2013年 [3月・4月]

紙面の都合上、図案は80%に縮小しています。実物大図案にするには、この図案を125%に拡大してご使用下さい。

no.45 写真24頁
Totsuka Embroidery Calendar
2013年 [5月・6月]

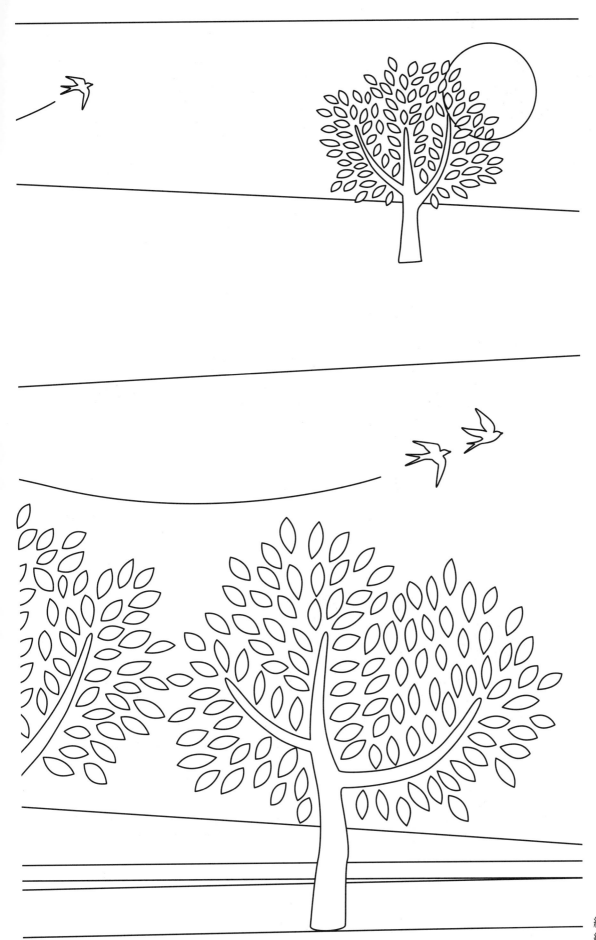

紙面の都合上、図案は80%に縮小しています。実物大図案にするには、この図案を125%に拡大してご使用下さい。

no.46　写真24頁
Totsuka Embroidery Calendar
2013年 [7月・8月]

紙面の都合上、図案は80%に縮小しています。実物大図案にするには、この図案を125%に拡大してご使用下さい。

no.47 写真25頁
Totsuka Embroidery Calendar
2013年 [9月・10月]

紙面の都合上、図案は80%に縮小しています。実物大図案にするには、この図案を125%に拡大してご使用下さい。

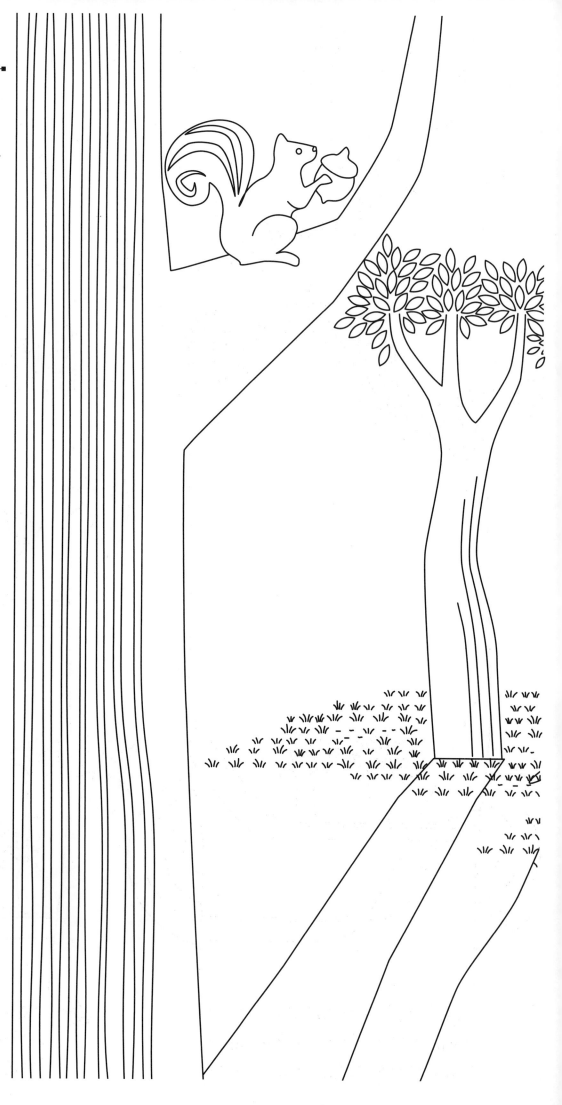

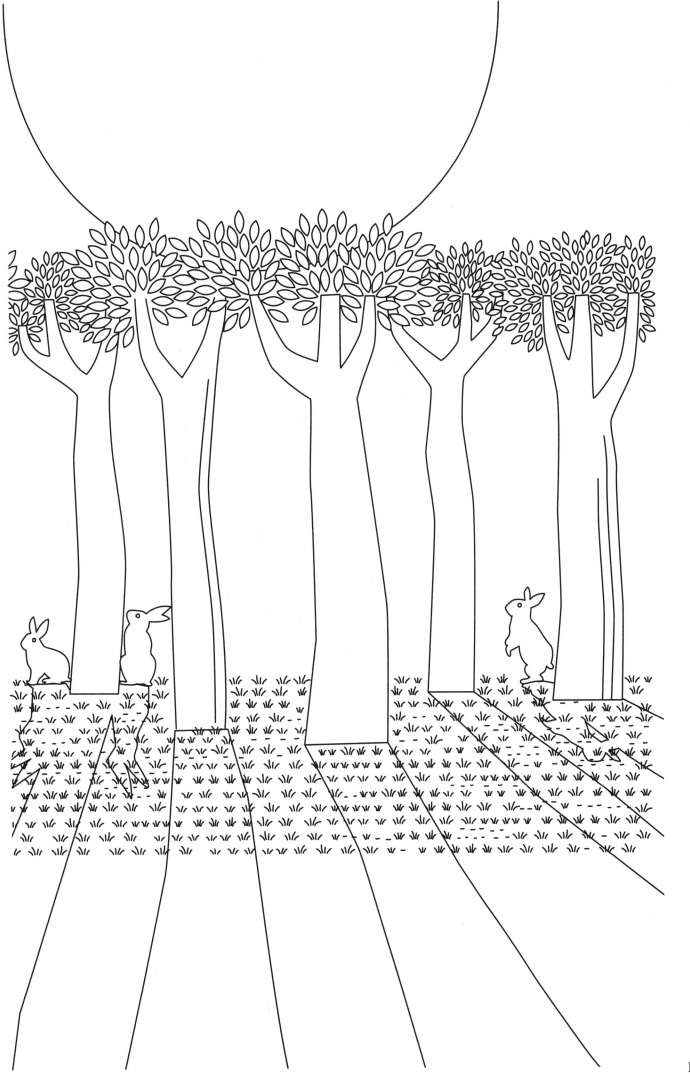

no.48 写真25頁
Totsuka Embroidery Calendar
2013年 [11月・12月]

紙面の都合上、図案は80%に縮小しています。実物大図案にするには、この図案を125%に拡大してご使用下さい。

no.49 写真26頁
Totsuka Embroidery Calendar
2014年 [1月・2月]

紙面の都合上、図案は80%に縮小しています。実物大図案にするには、この図案を125%に拡大してご使用下さい。

no.50 写真26頁
Totsuka Embroidery Calendar
2014年 [3月・4月]

紙面の都合上、図案は80％に縮小しています。実物大図案にするには、この図案を125％に拡大してご使用下さい。

no.51　写真27頁
Totsuka Embroidery Calendar
2014年 [5月・6月]

紙面の都合上、図案は80%に縮小しています。実物大図案にするには、この図案を125%に拡大してご使用下さい。

no.53 写真28頁
Totsuka Embroidery Calendar
2014年 [9月・10月]

紙面の都合上、図案は80%に縮小しています。実物大図案にするには、この図案を125%に拡大してご使用下さい。

no.54 写真28頁

Totsuka Embroidery Calendar
2014年 ［11月・12月］

紙面の都合上、図案は80%に縮小しています。実物大図案にするには、この図案を125%に拡大してご使用下さい。

no.55 写真29頁
Totsuka Embroidery Calendar
2015年 [1月・2月]

紙面の都合上、図案は80%に縮小しています。実物大図案にするには、この図案を125%に拡大してご使用下さい。

no.56 写真29頁
Totsuka Embroidery Calendar
2015年 [3月・4月]

紙面の都合上、図案は80％に縮小しています。実物大図案にするには、この図案を125％に拡大してご使用下さい。

no.57 写真30頁
Totsuka Embroidery Calendar
2015年 [5月・6月]

紙面の都合上、図案は80％に縮小しています。実物大図案にするには、この図案を125％に拡大してご使用下さい。

no.58 写真30頁
Totsuka Embroidery Calendar
2015年 [7月・8月]

紙面の都合上、図案は80%に縮小しています。実物大図案にするには、この図案を125%に拡大してご使用下さい。

no.59　写真31頁
Totsuka Embroidery Calendar
2015年 [9月・10月]

紙面の都合上、図案は80%に縮小しています。実物大図案にするには、この図案を125%に拡大してご使用下さい。

no.60 写真31頁
Totsuka Embroidery Calendar
2015年 [11月・12月]

紙面の都合上、図案は80％に縮小しています。実物大図案にするには、この図案を125％に拡大してご使用下さい。

Sadako Totsuka
戸塚貞子

刺しゅう研究家。大阪市生まれ。
20代の頃より、戸塚刺しゅう協会の創立者である母、戸塚きくとともに全国をまわり、刺しゅう技術の研鑽に励みながら、戸塚刺しゅうの普及につとめる。2000年1月、戸塚刺しゅう協会の会長に就任、現在戸塚刺しゅう研究所を主宰。日々オリジナリティーあふれる作品制作を続けながら、刺しゅうの研究にも力をそそぐ。著書多数。

制作・指導
戸塚刺しゅう研究所　戸塚貞子

制作協力
太田昌子　七里喜代子　田中慶子　手島有依子
中島幹子　長家愛子　藤尾蓉子　和田　都

装丁／Plumage Design Office
撮影／木下大造
協力／株式会社ルシアン
図案／岡　郁子　佐々木貴子　経　真珠美
　　　よしのぶもとこ　和田夏子
編集担当／黒沢京子